MANUAL EDUCATIVO
GASTROSTOMIA,

UMA VIA DE ACESSO NUTRICIONAL EM CRIANÇAS E ADOLESCENTES COM PARALISIA CEREBRAL

Editora Appris Ltda.
1.ª Edição - Copyright© 2024 dos autores
Direitos de Edição Reservados à Editora Appris Ltda.

Nenhuma parte desta obra poderá ser utilizada indevidamente, sem estar de acordo com a Lei nº 9.610/98. Se incorreções forem encontradas, serão de exclusiva responsabilidade de seus organizadores. Foi realizado o Depósito Legal na Fundação Biblioteca Nacional, de acordo com as Leis nºs 10.994, de 14/12/2004, e 12.192, de 14/01/2010.

Catalogação na Fonte
Elaborado por: Dayanne Leal Souza
Bibliotecária CRB 9/2162

M294m 2025	Manual educativo: gastrostomia, uma via de acesso nutricional em crianças e adolescentes com paralisia cerebral / João Francisco Tussolini, Rosane Dias da Rosa, Gerson Suguiyama Nakajima (orgs.). – 1. ed. – Curitiba: Appris, 2025. 57 p. : il. ; 21 cm. Inclui referências. ISBN 978-65-250-6480-2 1. Paralisia cerebral. 2. Gastrostomia. 3. Desnutrição. I. Tussolini, João Francisco. II. Rosa, Rosane Dias da. III. Nakajima, Gerson Suguiyama. IV. Título. V. Série. CDD – 616.84

Appris editora

Editora e Livraria Appris Ltda.
Av. Manoel Ribas, 2265 – Mercês
Curitiba/PR – CEP: 80810-002
Tel. (41) 3156 - 4731
www.editoraappris.com.br

Printed in Brazil
Impresso no Brasil

João Francisco Tussolini
Rosane Dias da Rosa
Gerson Suguiyama Nakajima
(org.)

MANUAL EDUCATIVO
GASTROSTOMIA,

UMA VIA DE ACESSO NUTRICIONAL EM CRIANÇAS E ADOLESCENTES COM PARALISIA CEREBRAL

Curitiba, PR
2025

FICHA TÉCNICA

EDITORIAL	Augusto V. de A. Coelho
	Sara C. de Andrade Coelho
COMITÊ EDITORIAL	Marli Caetano
	Andréa Barbosa Gouveia (UFPR)
	Edmeire C. Pereira (UFPR)
	Iraneide da Silva (UFC)
	Jacques de Lima Ferreira (UP)
SUPERVISORA EDITORIAL	Renata C. Lopes
PRODUÇÃO EDITORIAL	Adrielli de Almeida
REVISÃO	Katine Walmrath
DIAGRAMAÇÃO	Amélia Lopes
CAPA	Eneo Lage
REVISÃO DE PROVA	Bianca Pechiski

AGRADECIMENTOS

Agradeço ao Prof. Dr. Gerson Suguiyama Nakajima, pelo incentivo e a orientação nessa caminhada do mestrado profissional. Um grande motivador que nos guia desde a época de 1980.

Agradeço à Prof.ª Dr.ª Rosane Dias da Rosa, nutricionista especialista em Nutrição Clínica e doutora em Gerontologia Biomédica, pela capacidade de repassar os seus conhecimentos.

Aos colegas da turma do 2º semestre de 2020 do Mestrado Profissional de Pós-Graduação em Cirurgia da Universidade Federal do Amazonas, que, ao longo de 12 meses, participaram comigo das aulas on-line, na parte teórica.

Aos(às) professores(as) doutores(as) Juscimar Carneiro Nunes, Waltair Vieira Machado, Andrezza Lauria de Moura, Bruno Bellaguarda Batista, Fernando Luiz Westphal Jonas Byk, Ivan Tramujas da Costa e Silva (*in memoriam*), Denise Machado Duran Gutierrez e Mariseth Carvalho de Andrade.

Aos médicos residentes em Neurologia Pediátrica da primeira e segunda turmas da Fundação de Medicina Tropical Doutor Heitor Vieira Dourado, aos(à) doutores(a) Iury Gabriel Amazonas Tussolini, Mario Tércio Rocha Junior, Patrícia Delgado da Silva e Luciano da Silva Pontes, que participaram do atendimento ambulatorial de crianças com paralisia cerebral e que fazem uso da gastrostomia.

Agradecimento a todas as crianças com Paralisia Cerebral que realizaram gastrostomia e aquelas que certamente poderão fazer a GTT a partir desse Manual. Não poderia deixar de homenagear duas crianças que fizeram parte da minha vida pessoal e dos meus estudos, e aqui cito o nome do meu sobrinho Alfredo Pereira Amazonas Filho, que nasceu no dia 1 de abril de 1983 e faleceu no dia 13 de junho de 1993, e a minha paciente Ingred Vitória da Silva e Silva que mora em Parintins (AM), que realizou a GTT em 2023 e apresentou melhora importante na qualidade de vida e no ganho de peso.

Ao Prof. Gérsimo Alvarez Sampaio (*in memoriam*), **médico e amigo**. Um nome que, para mim e para tantos outros, está gravado na história da medicina amazonense. Eterna gratidão.

Quando sonhamos sozinhos, é apenas um sonho. Quando sonhamos juntos, é o início de uma nova realidade.

(Cervantes)

Francisco Tussolini

Neurologista infantil

Mestre pela Universidade Federal do Amazonas (Ufam)

PREFÁCIO

Em uma era de inovação médica contínua, a necessidade de compartilhar sabedoria especializada de maneira ágil é mais crucial do que nunca. O *Manual educativo: gastrostomia, uma via de acesso nutricional em crianças e adolescentes com paralisia cerebral* se destaca como uma via de acesso indispensável ao conhecimento prático, desenhado para enfrentar os desafios da paralisia cerebral. Sob a orientação do Dr. Tussolini, um neurologista infantil cuja dedicação a essa área complexa me causa grande admiração, os leitores são convidados a percorrer um caminho enriquecedor.

Este guia vem para facilitar o entendimento da gastrostomia, um procedimento essencial para assegurar a alimentação de pacientes com paralisia cerebral, com precisão e clareza excepcionais. A expertise da Dr.ª Rosane Dias, que traz um entendimento profundo das necessidades nutricionais desses pacientes, e a sabedoria do meu eterno professor de cirurgia do aparelho digestivo Gerson Nakajima adicionam uma profundidade incalculável ao texto. A soma de suas experiências forma um grupo autoral de respeitada autoridade, iluminando o caminho para esses cuidados especializados.

Longe de ser apenas um compêndio técnico, este manual representa um aliado para as famílias e profissionais de saúde. Permite que os pais compreendam o processo e impacto da gastrostomia, ao mesmo tempo que oferece aos profissionais uma base sólida para uma atuação mais informada e atenta às necessidades específicas dos seus pacientes. O objetivo é simplificar o complexo, capacitando aqueles que cuidam, sejam familiares ou profissionais, a elevar a qualidade de vida desses indivíduos.

Pais e familiares, cuidadores e profissionais de saúde, aproveitem este material que foi elaborado com o maior zelo e dedicação. Este manual promete ser um recurso confiável diante dos desafios cotidianos impostos pela paralisia cerebral, proporcionando não só informações, mas também apoio e fundamentos para um cuidado mais seguro e repleto de amor.

Robson Amorim

MD e PhD Prof. livre docente pela USP; coordenador da Pós--Graduação em Ciências da Saúde (Ufam); professor de Neurocirurgia (Ufam); supervisor do Programa de Residência Médica em Neurocirurgia (HUGV/Ufam); secretário do Departamento de Neurointensivismo da Sociedade Brasileira de Neurocirurgia; vice-presidente da Academia Brasileira de Neurocirurgia

SUMÁRIO

INTRODUÇÃO 13

CAPÍTULO 1
BREVE HISTÓRICO E DEFINIÇÃO
DA PARALISIA CEREBRAL 15

CAPÍTULO 2
CAUSAS E FATORES DE RISCO PARA
PARALISIA CEREBRAL 17

CAPÍTULO 3
CLASSIFICAÇÃO DA PARALISIA CEREBRAL 19

CAPÍTULO 4
COMO SABER SE A CRIANÇA OU ADOLESCENTE
TEM PARALISIA CEREBRAL? 21

CAPÍTULO 5
COMO SABER O QUE A CRIANÇA OU ADOLESCENTE
COM PARALISIA CEREBRAL PODE FAZER
E COMO AJUDÁ-LA? 23

CAPÍTULO 6
O QUE É GASTROSTOMIA? 27

CAPÍTULO 7
QUANDO FAZER A GASTROSTOMIA? 29

CAPÍTULO 8
GASTROSTOMIA EM CRIANÇAS COM PARALISIA CEREBRAL. QUAIS SÃO AS FORMAS DE REALIZÁ-LA?...... 32

CAPÍTULO 9
NUTRIÇÃO NA CRIANÇA COM PARALISIA CEREBRAL COM GASTROSTOMIA 38

CAPÍTULO 10
COMO CUIDAR DA CRIANÇA COM GASTROSTOMIA...... 42

CAPÍTULO 11
CUIDADOS DA ENFERMAGEM 45

CAPÍTULO 12
FISIOTERAPIA MOTORA NA PARALISIA CEREBRAL EM CRIANÇAS...... 49

CAPÍTULO 13
O PAPEL DA FONOAUDIOLOGIA NA ALIMENTAÇÃO EM CRIANÇAS COM PARALISIA CEREBRAL...... 52

CONCLUSÃO 54

REFERÊNCIAS 55

INTRODUÇÃO

Em primeiro lugar, gostaríamos de agradecer por escolher este *Manual* e dedicar seu tempo à leitura deste material que foi cuidadosamente planejado para fornecer dados muito interessantes sobre o manuseio da criança portadora de paralisia cerebral. O tema do nosso *Manual* é "gastrostomia, uma via de acesso nutricional em crianças e adolescentes com paralisia cerebral".

Este *Manual* tem como objetivo ajudar você a enfrentar esses desafios e oferecer soluções eficazes para melhorar a qualidade de vida dessas crianças. Algumas das soluções abordadas neste *Manual* incluem informações detalhadas sobre a gastrostomia, técnicas de alimentação, cuidados com a sonda e gerenciamento de complicações.

Nossa experiência como profissionais de saúde e nossa trajetória pessoal trabalhando com pacientes com paralisia cerebral nos qualificam como especialistas no assunto. Através deste *Manual*, compartilhamos nossos conhecimentos e experiências com você, na esperança de facilitar sua jornada e proporcionar uma vida melhor para os jovens que necessitam de gastrostomia.

Este *Manual* é uma ferramenta valiosa que o ajudará a compreender e aplicar os cuidados especializados necessários para o bem-estar de crianças e adolescentes com paralisia cerebral. Os benefícios incluem o aumento da confiança, a prevenção de complicações e a promoção de uma vida mais saudável e feliz para todos os envolvidos.

É crucial que você comece a ler este *Manual* o mais rápido possível. Quanto mais cedo você começar a aplicar essas informações e técnicas, mais rápido poderá ver os benefícios na vida de seu filho ou paciente. Juntos, podemos fazer a diferença na vida de crianças e adolescentes com paralisia cerebral que necessitam de gastrostomia.

Este *Manual* é um produto da dissertação do Mestrado Profissional em Cirurgia da Universidade Federal do Amazonas, sob orientação do Prof. Dr. Gerson Suguiyama Nakajima e da Dra. Rosane Dias da Rosa, elaborado pelo médico neurologista infantil João Francisco Tussolini, intitulado *Manual educativo: gastrostomia, uma via de acesso nutricional em crianças e adolescentes com paralisia cerebral.*

CAPÍTULO 1

BREVE HISTÓRICO E DEFINIÇÃO DA PARALISIA CEREBRAL

A Paralisia Cerebral (PC) é uma condição que começa bem cedo na vida. Ela causa problemas de movimento e postura devido a danos que impedem o desenvolvimento normal do sistema nervoso central (cérebro e medula espinhal). Esses danos podem ocorrer durante a gravidez (por exemplo, devido a infecções), durante o parto ou nos primeiros anos de vida (por exemplo, devido a parto prematuro, baixo peso ao nascer, falta de oxigênio, icterícia, lesões de parto, infecções, entre outros)[1].

A paralisia cerebral, também chamada de Encefalopatia Crônica Não Progressiva da Infância, foi descrita pela primeira vez em 1843. Foi caracterizada por "rigidez muscular" e associada a eventos adversos ao nascimento, como parto prematuro, dificuldades no parto, demora em chorar e respirar ao nascer, convulsões e coma nas primeiras horas de vida[2].

Em 1897, Freud começou a usar o termo "paralisia cerebral" para descrever a mesma condição. Ele percebeu que as crianças afetadas tinham problemas com postura, tônus muscular e movimento. Hoje, usamos uma definição da paralisia cerebral proposta em 1989, que a descreve como uma condição de movimento não progressiva causada por lesões no sistema nervoso central ainda em desenvolvimento[3]. Apesar disso, o termo "paralisia cerebral" causa alguma confusão. Ele pode fazer parecer que o cérebro está inativo, o que não é verdade. É uma condição causada por danos ao cérebro durante a gravidez, o parto ou nos primeiros três anos de vida. Isso causa disfunção global e problemas de controle dos músculos. Portanto, a paralisia cerebral é uma deficiência neuromotora grave, resultado de lesões cerebrais estáticas, que causa problemas musculares e limitações nas atividades por dificuldades de movimento e coordenação motora[4].

CAPÍTULO 2

CAUSAS E FATORES DE RISCO PARA PARALISIA CEREBRAL

A paralisia cerebral ocorre em cerca de 2,1 em cada 1.000 nascidos vivos. Esse número pode ser maior no Brasil em comparação com a Europa e América do Norte, devido a diferenças nos cuidados de saúde durante a gravidez e após o nascimento, bem como à supervisão do desenvolvimento infantil[5].

Os fatores de risco que aumentam a chance de uma criança desenvolver paralisia cerebral podem variar e afetam a gravidade da condição. Esses fatores podem ser divididos em três categorias: antes do nascimento (pré-natais), durante o parto (perinatais) e após o nascimento (pós-natais)[6].

Fase	Fatores de Risco
Antes do nascimento	Infecções na gravidez (como rubéola, sífilis, herpes); Falta de oxigênio no útero; Exposição a medicamentos nocivos; Hipertensão na gestação.
Durante o parto	Falta de oxigênio ao nascer; Problemas com a placenta; Eclâmpsia (convulsões na gravidez); Nascimentos prematuros; Traumas durante o parto.
Após o nascimento	Falta de oxigênio após o nascimento; Problemas com a placenta; Eclâmpsia; Nascimentos prematuros; Traumas após o parto.

No próximo capítulo, falaremos sobre os tipos de paralisia cerebral. Vamos explicar os diferentes tipos e subtipos dessa condição. Isso é importante para entender as necessidades específicas de cada pessoa com paralisia cerebral e para planejar o melhor tratamento e intervenções.

CAPÍTULO 3

CLASSIFICAÇÃO DA PARALISIA CEREBRAL

Neste capítulo, vamos explicar as diferentes formas de Paralisia Cerebral (PC), detalhando as características distintas e apresentando informações sobre suas manifestações em diferentes indivíduos[7].

A **Paralisia Cerebral Espástica** é a mais comum e causa tensão nos músculos, tornando-os rígidos. Ela pode afetar diferentes partes do corpo:

- Hemiplégica: afeta um lado do corpo;

- Diplégica: afeta mais as pernas que os braços;

- Tetraplégica: afeta todo o corpo.

A **Paralisia Cerebral Coreoatetósica** causa movimentos involuntários e descoordenados que tendem a aumentar quando a pessoa está emocionada e a diminuir quando está dormindo.

A **Paralisia Cerebral Atáxica** é caracterizada por uma falta de equilíbrio e coordenação, tornando difícil para a pessoa se mover de maneira suave e precisa.

Cada tipo tem características diferentes e pode afetar as pessoas de maneiras diferentes. Entender esses tipos ajuda a fornecer o cuidado certo para cada pessoa com paralisia cerebral.

Figura 1 – Tipos de Paralisia Cerebral

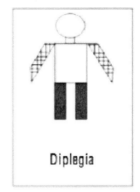

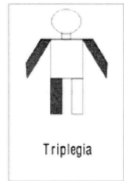

Fonte: Rebelo, 2014 apud Filgueira, 2018

CAPÍTULO 4

COMO SABER SE A CRIANÇA OU ADOLESCENTE TEM PARALISIA CEREBRAL?

A paralisia cerebral é o problema que mais afeta o movimento e a postura das crianças e adolescentes. Ela não tem a ver com a inteligência, mas com uma lesão no cérebro que acontece antes, durante ou logo depois do nascimento. Essa lesão não piora nem melhora com o tempo. Ela é permanente e não tem cura. É importante saber se a criança ou adolescente tem paralisia cerebral o mais cedo possível, porque assim podemos começar os cuidados especiais que vão ajudar no seu desenvolvimento[8].

Mas nem sempre é fácil saber se a criança ou adolescente tem paralisia cerebral logo nos primeiros meses de vida. Às vezes, só podemos ter certeza depois dos 2 ou 3 anos de idade. Por isso, é preciso ficar atento aos sinais que podem indicar paralisia cerebral. Esses sinais são alterações no movimento, na postura ou no tônus muscular. O movimento é a capacidade de mexer as partes do corpo. A postura é a forma como o corpo fica em repouso ou em movimento. O tônus muscular é a força e a rigidez dos músculos[9]. Algumas alterações que podem indicar paralisia cerebral são:

- Movimento: a criança ou adolescente não se mexe muito ou se mexe demais; faz movimentos repetitivos da boca, da língua, da cabeça, dos braços ou das pernas; faz movimentos circulares ou assimétricos dos membros; bate ou golpeia partes do corpo;

- Postura: a criança ou adolescente não consegue manter a cabeça no meio do corpo; fica com o punho fechado ou com os dedos abertos; fica com os braços e as pernas esticados; fica com o corpo torto ou arqueado; não consegue mudar de posição;

- Tônus muscular: a criança ou adolescente fica com os músculos muito duros (espasticidade) ou muito moles (flacidez); faz movimentos involuntários e descontrolados (discinesia); tem dificuldade para coordenar os movimentos (ataxia).

Se você observar algum desses sinais na criança ou adolescente que você cuida, procure um médico para fazer o diagnóstico. O médico vai examinar a criança ou adolescente e pode pedir alguns exames para ver se há alguma lesão no cérebro. Mas lembre-se: nem sempre esses sinais significam paralisia cerebral. Eles podem ser causados por outros problemas de saúde. Por isso, é importante consultar um médico e seguir suas orientações.

CAPÍTULO 5

COMO SABER O QUE A CRIANÇA OU ADOLESCENTE COM PARALISIA CEREBRAL PODE FAZER E COMO AJUDÁ-LA?

O tratamento da paralisia cerebral deve ser feito de acordo com o que cada criança ou adolescente precisa e quer fazer. Para isso, é preciso ver o que eles conseguem fazer e o que eles têm dificuldade para fazer no dia a dia. Essas coisas podem ser de vários tipos, como se movimentar, usar as mãos, falar, comer, aprender e brincar com outras pessoas. Existem algumas formas de ver o nível de habilidade e independência que a criança ou adolescente tem para fazer essas coisas. Essas formas são chamadas de classificações de funcionalidade. Elas usam números de 1 a 5 para mostrar o quanto a criança ou adolescente consegue fazer em cada área[10]. Por exemplo, 1 significa que a criança ou adolescente faz a coisa com pouca ou nenhuma dificuldade; 5 significa que a criança ou adolescente não consegue fazer a coisa ou precisa de muita ajuda. As classificações mais usadas são:

- GMFCS: essa sigla vem do inglês e significa Classificação da Função Motora Grossa. Ela classifica a funcionalidade do movimento das crianças e adolescentes com paralisia cerebral. Mostra como eles andam, correm, pulam e sobem escadas.

Figura 2 – Classificação da Função Motora Grossa GMFCS

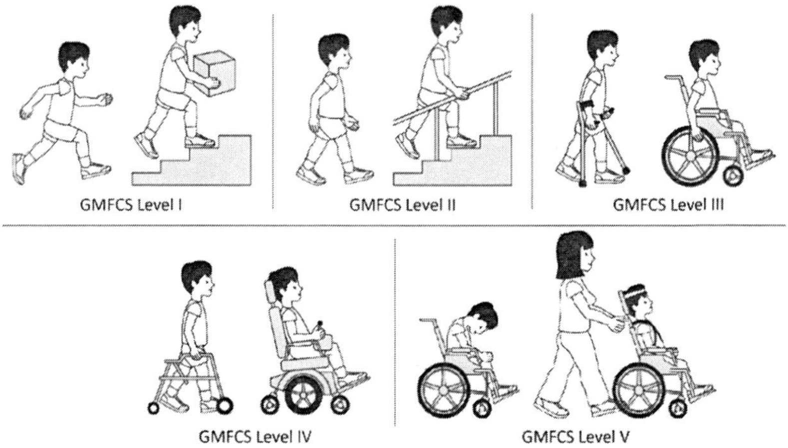

GMFCS Level I GMFCS Level II GMFCS Level III

GMFCS Level IV GMFCS Level V

Fonte: adaptado de Graham et al., 2016

- MACS: essa sigla vem do inglês e significa Classificação da Habilidade Manual. Ela classifica a funcionalidade do uso das mãos das crianças e adolescentes com paralisia cerebral. Mostra como eles seguram, soltam, movem e mexem em objetos.

- CFCS: essa sigla vem do inglês e significa Classificação da Função de Comunicação. Ela classifica a funcionalidade da comunicação das crianças e adolescentes com paralisia cerebral. Mostra como eles mandam e recebem mensagens faladas e não faladas.

- EDACS: essa sigla vem do inglês e significa Classificação da Habilidade de Comer e Beber. Ela classifica a funcionalidade da alimentação das crianças e adolescentes com paralisia cerebral. Mostra como eles comem e bebem de forma segura e sem desperdício.

As classificações ajudam a escolher os melhores tratamentos para a criança ou adolescente com paralisia cerebral. Os tratamentos podem ser de vários tipos, como cirurgias, remédios, exercícios, fisioterapias, órteses e outros. Cada caso é diferente e precisa de uma consulta médica para saber quais tratamentos são mais indicados. Alguns exemplos de tratamentos são:

- Cirurgias: são operações que arrumam ou melhoram algum problema físico causado pela paralisia cerebral. Por exemplo, a gastrostomia é uma cirurgia que coloca um tubo no estômago da criança ou adolescente para facilitar a alimentação;

- Remédios: são coisas que controlam ou aliviam algum sintoma causado pela paralisia cerebral. Por exemplo, os anticonvulsivantes são remédios que evitam as convulsões; os benzodiazepínicos são remédios que relaxam os músculos; a toxina botulínica é um remédio que diminui a rigidez dos músculos; os bifosfonatos são remédios que fortalecem os ossos;

- Exercícios: são atividades físicas que melhoram o movimento, a postura, a força dos músculos, a respiração, o sangue e a saúde geral da criança ou adolescente com paralisia cerebral. Podem ser feitos em casa, na escola ou em outros lugares;

- Fisioterapias: são tratamentos que usam técnicas como massagens, alongamentos, movimentos, estímulos e treinos para melhorar o movimento, a postura, a força dos músculos, o equilíbrio e a coordenação da criança ou adolescente com paralisia cerebral;

- Órteses: são aparelhos que ajudam a arrumar ou apoiar alguma parte do corpo afetada pela paralisia cerebral. Por exemplo, as calhas ortopédicas são órteses que mantêm os pés na posição certa; as talas são órteses que seguram as juntas; os coletes são órteses que sustentam o corpo;

- Outros: são outros tipos de tratamentos que podem ajudar a criança ou adolescente com paralisia cerebral, como terapia ocupacional, fonoaudiologia, psicologia, pedagogia, nutrição, rizotomia dorsal e equipamentos adaptados.

As classificações de funcionalidade ajudam os profissionais da saúde a escolherem os melhores tratamentos para a criança ou adolescente com paralisia cerebral. Esses profissionais podem ser de várias áreas, como pediatria, neurologia, ortopedia, fisioterapia e nutrição. Eles trabalham juntos para oferecer um tratamento completo e baseado em estudos[11].

Algumas vezes, a criança ou adolescente com paralisia cerebral precisa fazer uma cirurgia para melhorar algum problema físico. Por exemplo, a gastrostomia é uma cirurgia que coloca um tubo no estômago da criança ou adolescente para facilitar a alimentação. Isso pode ser necessário quando a criança ou adolescente tem muita dificuldade para comer pela boca por causa da paralisia cerebral.

Outras vezes, a criança ou adolescente com paralisia cerebral precisa tomar remédios para controlar ou aliviar algum sintoma. Por exemplo, os anticonvulsivantes são remédios que evitam as convulsões; os benzodiazepínicos são remédios que relaxam os músculos; a toxina botulínica é um remédio que diminui a rigidez dos músculos; a rizotomia é um procedimento cirúrgico minimamente invasivo que trata as dores na coluna e espasticidade de alguns nervos da coluna para diminuir a rigidez dos músculos; os bifosfonatos são remédios que fortalecem os ossos.

Além disso, a criança ou adolescente com paralisia cerebral precisa fazer exercícios e fisioterapia para melhorar o movimento, a postura, a força dos músculos, o equilíbrio e a coordenação. Eles também precisam usar órteses e outros equipamentos adaptados para corrigir ou apoiar alguma parte do corpo afetada pela paralisia cerebral. Por exemplo, as calhas ortopédicas são órteses que mantêm os pés na posição certa; as talas são órteses que seguram as juntas; os coletes são órteses que sustentam o corpo. Esses cuidados ajudam a prevenir problemas como luxação de quadril e úlceras de pressão.

CAPÍTULO 6

O QUE É GASTROSTOMIA?

A gastrostomia é um procedimento em que se coloca uma sonda (tubo) no estômago da criança ou adolescente através de um procedimento cirúrgico, no abdômen (barriga). Por essa sonda (tubo) se administra alimentos (comida), água e remédios para aquela criança ou adolescente que não consegue comer pela boca. Também serve para tirar o ar e os líquidos que ficam no estômago e que podem causar problemas[12].

No próximo capítulo, vamos falar sobre as indicações de gastrostomia, explicando os casos em que a gastrostomia é a escolha ideal, assim como as contraindicações e os fatores a serem considerados na hora de decidir. Essa informação será muito importante para garantir que a gastrostomia seja feita de maneira segura e eficaz, trazendo o máximo de benefício para a criança ou adolescente que precisa dela.

Figura 3 – Foto explicativa da sequência do tubo de gastrostomia

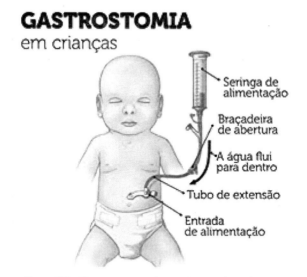

Fonte: WS_Walberto Souza (cirurgião pediátrico), 2020

CAPÍTULO 7

QUANDO FAZER A GASTROSTOMIA?

A gastrostomia é um procedimento em que se coloca uma sonda (tubo) no estômago da criança ou adolescente através de um pequeno procedimento na barriga (abdômen) cuja função será de administrar comida, água e remédios para aqueles que não conseguem comer pela boca[13].

A gastrostomia é indicada:

- Para aquelas crianças ou adolescentes que possuem o estômago funcionando, mas têm algum problema que impede de comer pela boca. Essa situação pode envolver malformações do trato digestivo alto (boca, esôfago, estômago), inflamações repetitivas na garganta, dentes, infecções, doenças do coração ou do pulmão, problemas neurológicos;

- Para evitar problemas de saúde, como desnutrição, desidratação, vômitos, refluxo, otites, ulcerações esofágicas, perfurações gástricas ou intestinais e pneumonia por aspiração (quando o alimento vai para o pulmão em vez de ir para o estômago);

- Quando a criança ou adolescente precisar usar uma sonda pelo nariz por mais de 30 dias. A gastrostomia é melhor do que a sonda pelo nariz porque evita complicações, infecções e desconforto;

- Porque ajuda a evitar que a criança ou adolescente fique desnutrido ou perca peso, o que causa atraso no crescimento corporal;

- Para melhora do estado nutricional; diminuição das intercorrências e redução da frequência de internações;

- Para prevenção da falta de proteínas, ferro, vitamina D, cálcio e fósforo na alimentação da criança;

- Para redução do tempo gasto com a alimentação da criança, resultando em melhora das condições de saúde neurológica e respiratória;

- Para promover melhor qualidade de vida e os valores pessoais de cada criança ou adolescente e sua família;

- Para melhorar o desgaste para a família e para os cuidadores, que gastam muito tempo e esforço para alimentar a criança pela boca.

Mas quando a criança ou adolescente com paralisia cerebral grave não poderá se submeter a esse procedimento?

Poucas são as contraindicações para não realizar a gastrostomia; mas iremos enumerá-las:

1. Quando a criança nasce com um problema na válvula que fica no final do estômago, chamado de esfíncter pilórico, que não deixa o alimento "passar" para o intestino (hipertrofia do piloro); convém salientar que existe cirurgia para corrigir

esse defeito e, após isso, ou mesmo durante o procedimento, a gastrostomia poderá ser realizada;

2. Obstrução do trato gastrintestinal devido a cirurgias às quais a criança deva ter se submetido;

3. Doença respiratória grave (quando indicada a gastrostomia endoscópica);

4. Obesidade (quando for utilizar a técnica radiológica);

5. Quando a criança possuir uma derivação ventrículo-peritoneal por conta de uma hipertensão intracraniana, com risco de causar infecção intra-abdominal.

No próximo capítulo, vamos falar sobre como é realizado o procedimento da gastrostomia, pois há diversas modalidades de executá-la, a depender do local, da região onde a família reside.

CAPÍTULO 8

GASTROSTOMIA EM CRIANÇAS COM PARALISIA CEREBRAL. QUAIS SÃO AS FORMAS DE REALIZÁ-LA?

A paralisia cerebral é um problema neurológico que afeta o movimento e a postura das crianças. Ela também pode afetar a capacidade de comer pela boca, porque dificulta a deglutição dos alimentos. A deglutição é o ato de engolir os alimentos, que passam pela boca, pela garganta e pelo esôfago até chegar no estômago. A deglutição depende do funcionamento do cérebro, dos músculos, dos nervos e da vontade de comer. A paralisia cerebral pode prejudicar esses fatores e causar disfagia. A disfagia é a dificuldade ou a impossibilidade de engolir os alimentos[14]. Para isso, a gastrostomia é uma forma segura e prática de substituir parcialmente a ingesta dos alimentos e da água, incluindo outras vantagens que serão apresentadas a seguir.

A gastrostomia é um procedimento seguro, barato e rápido. Ela pode ser feita por diferentes técnicas: 1. com um aparelho de endoscopia; 2. com técnica radiológica por tomografia computadorizada; ou 3. com uma cirurgia (laparoscópica ou aberta).

Endoscópica

Uma das formas mais segura de realizar a gastrostomia, a via **endoscópica**, utiliza um tubo de fibra óptica que visualiza toda a câmara gástrica e parte do duodeno. Também conhecida como GTT, foi iniciada na prática em 1980 e apresenta níveis de complicações em até 9,4%. A técnica utiliza a especialidade de um endoscopista e um auxiliar; o ambiente deverá estar equipado para procedimentos de centro cirúrgico, por ser complexo e, no caso especial, necessitar de sedação e mesmo anestesia geral. O endoscopista fará a endoscopia com aparelho próprio para a idade infantil e necessitará de um kit especial que se comporá de sonda de poliuretano ou silicone, cânula de punção, com válvula de segurança e material de fixação. O procedimento se fará de forma de passo a passo até ser liberado pelo profissional anestesiologista. A utilização da dieta inicial deverá ocorrer em 24 horas (um dia após), embora alguns serviços preconizem a sua utilização em espaço de tempo menor. Complicações menores do método podem ocorrer (7 a 10%), como: obstrução do tubo, dor abdominal, especialmente se houver vazamento para a cavidade abdominal; e maiores (1 a 2%), como: fasceíte necrosante, pneumonia aspirativa, sangramento grave, peritonite e morte. Considerando que a GTT endoscópica delonga menor tempo de hospitalização, mais conforto para o paciente do que quando se utiliza sondas nasogástrica e nasoenterais e evita traumas e erosões na nasofaringe e esôfago; ao serem comparadas com a sonda nasoenteral, o fato da perda desta por obstruções e o deslocamento da sua ponta; a GTT não exige restrição física ou uso de sedativo para a sua manutenção para a administração do suporte nutricional da criança pelo fato da remoção inadvertida de sondas nasoenterais ser muito frequente[15].

A gastrostomia percutânea guiada por Tomografia Computadorizada

Essa técnica é indicada quando, por algum motivo, a gastrostomia endoscópica não logrou êxito; é um método mais moderno, seguro, com baixo risco de complicação e que necessita de um profissional médico radiologista especialista (intervencionista). Para realizar essa técnica, o paciente deve se dirigir ao Centro de Radiodiagnóstico, em jejum; sendo necessário estar portando uma sonda nasogástrica para encher o estômago de ar, o que facilitará o procedimento. O paciente deverá estar sedado ou anestesiado, pois serão feitos pequenos furos a serem utilizados no procedimento, tal qual como é feito pela técnica endoscópica. Nesse procedimento, o paciente é acompanhado pelo médico radiologista, que o posicionará no aparelho de tomografia para identificar o estômago e daí iniciar o procedimento[14]. O tempo a ser liberada a dieta varia entre 8 e 48 horas e ficará a cargo da equipe de cuidadores (médico) essa liberação.

A técnica por cirurgia

Comumente usada quando a endoscopia não pode ser feita, como quando a criança ou adolescente tem muito refluxo e precisa de outra operação para melhorar essa complicação. Esse procedimento poderá ser feito de duas formas: 1. **cirurgia aberta**; e mais modernamente por 2. **cirurgia videolaparoscópica ou robótica**. Ambas necessitam de manejo hospitalar, pois a criança-adolescente será sedado e anestesiado (anestesia geral) por segurança, evitando que apresente vômitos e fazer uma broncoaspiração, que é muito grave. A desvantagem da cirurgia é o custo financeiro, pois requer, em muitos casos, a internação hospitalar.

Complicações da técnica utilizada para gastrostomia

Por ser um procedimento necessariamente invasivo, a gastrostomia, seja executada por qualquer das técnicas citadas anteriormente, apresenta intercorrências diversas que podem ser classificadas em menores e maiores.

Complicações menores

- Infecção da pele no local do procedimento (mais comum);
- Obstrução da sonda (tubo);
- Remoção acidental da sonda (tubo);
- Dor abdominal após o procedimento (vazamento do suco gástrico para cavidade intra-abdominal).

Complicações maiores

- Óbito;
- Fasceíte necrotizante (infecção grave no local do procedimento que atinge a pele e os músculos);
- Pneumonia aspirativa;
- Sangramento grave;
- Peritonite (inflamação com infecção intra-abdominal);
- Fístula gastrocólica.

O que fazer quando a criança apresenta vômitos (refluxo) frequentes?

Uma das queixas frequentes das mães que estão amamentando é o refluxo do recém-nascido momentos após uma mamada; apesar de utilizar táticas que vêm de gerações para prevenir essa desagradável intercorrência, muitas vezes a evolução provoca complicações sérias como a broncoaspiração, que é motivo de internações prolongadas por conta de pneumonias aspirativas; outras complicações podem evoluir em decorrência desse processo, como a asma brônquica infantil, que é motivo de lotação em serviços de pronto atendimento nas cidades mundo afora. Nesse contexto, com o avanço na metodologia diagnóstica, caracterizar a doença do refluxo gastroesofágico na infância tem sido motivo de indicação cirúrgica para a correção de uma hérnia de hiato esofágico, com resultados satisfatórios.

Cirurgia para a doença do refluxo

Com o avanço tecnológico, o uso de cirurgia minimamente invasiva (videolaparoscópica e/ou robótica) tem sido a via preferencial para a correção de hérnias de hiato, causadoras do refluxo gastroesofágico, que como citado anteriormente tem acometido crianças e adultos desde a baixa faixa etária como bronquites, asma, esofagites, faringites, sinusites, otites e com maior gravidade as pneumonias devido à broncoaspiração. A finalidade da cirurgia é corrigir o alargamento do músculo que faz a manobra de contenção do conteúdo gástrico (músculo pilar diafragmático) e posteriormente realizar uma pequena válvula antirrefluxo com a região do fundo gástrico. Cirurgia de Nissen (uma das mais executadas) e cirurgia de Lind são cirurgias efetivas na contenção do refluxo gastroesofágico, necessitando a internação hospitalar, pois são realizadas sob anestesia geral[16].

O próximo capítulo vai ensinar como fazer um suporte nutricional para crianças com paralisia cerebral que usam gastrostomia. A nutrição utilizando o estômago é a forma de dar comida, água e remédios pelo tubo da gastrostomia. Você vai aprender a preparar as fórmulas adequadas, devidamente orientadas pelo nutricionista, assim como administrá-las pelo tubo, como cuidar da higiene do tubo e como acompanhar o estado nutricional da criança.

CAPÍTULO 9

NUTRIÇÃO NA CRIANÇA COM PARALISIA CEREBRAL COM GASTROSTOMIA

As crianças com paralisia cerebral têm o direito de se alimentar bem para manter ou melhorar sua saúde. A paralisia cerebral é um problema que afeta o movimento e a postura das crianças. Ela também pode afetar outras coisas, como a inteligência, a fala, a audição, a visão e o comportamento. A paralisia cerebral pode causar problemas para comer pela boca, porque dificulta a mastigação e a deglutição dos alimentos. A mastigação é o ato de triturar os alimentos com os dentes. A deglutição é o ato de engolir os alimentos, que passam pela boca, pela garganta e pelo esôfago até chegar no estômago. Os problemas para comer pela boca podem levar à desnutrição, que é a falta de nutrientes no corpo[17].

A desnutrição pode trazer vários problemas para a criança com paralisia cerebral, como:

- Diminuição da densidade óssea (os ossos ficam mais fracos e podem quebrar mais facilmente);
- Perda de massa muscular (os músculos ficam mais fracos e podem dificultar o movimento e a respiração);
- Atividade imunológica reduzida (o corpo fica mais vulnerável a infecções);
- Risco aumentado de lesões por pressão (as feridas demoram mais para cicatrizar);
- Redução na qualidade de vida (a criança tem mais dificuldade para fazer outras atividades, como ir à escola ou fazer terapias).

A gastrostomia ajuda a evitar a desnutrição e a melhorar a saúde da criança com paralisia cerebral. Mas para isso é preciso saber como fazer a nutrição da criança com paralisia cerebral por meio da gastrostomia. A nutrição por sonda é a forma de dar comida, água e remédios pelo tubo da gastrostomia. Você precisa conhecer os tipos de fórmulas das dietas recomendadas pelo nutricionista; como dar as fórmulas pelo tubo; como cuidar da higiene do tubo e como acompanhar o estado nutricional da criança[18,19].

A Avaliação do Estado Nutricional de crianças com paralisia cerebral é muito importante para identificar os riscos nutricionais e fazer as mudanças necessárias para garantir a melhora da saúde dos pacientes. O acompanhamento nutricional também é muito importante para ver se as mudanças estão dando certo no crescimento e no peso dos pacientes.

Os métodos para avaliar o estado nutricional de crianças com paralisia cerebral podem não ser tão bons quanto os métodos para avaliar crianças sem paralisia cerebral, mas alguns podem ajudar a ver a quantidade de gordura corporal e massa muscular. A altura e o peso continuam sendo medidas importantes para avaliar o estado nutricional, mas também é preciso medir outras coisas, como a dobra cutânea tricipital, que é a gordura que fica na parte de trás do braço. Um cuidado é que as medidas antropométricas podem não ter um padrão de comparação para crianças com paralisia cerebral, por isso é preciso ter a experiência do profissional (nutricionista) que avalia e usar as bases da Organização Mundial da Saúde (OMS)[20].

Um estudo feito com crianças com paralisia cerebral usou as seguintes medidas antropométricas para avaliar o estado nutricional: altura do joelho, peso, comprimento do braço, circunferência do braço médio, dobra cutânea subescapular, dobra cutânea tricipital e área muscular do braço calculada. Essas medidas foram úteis para comparar os pacientes de acordo com o nível de função motora grossa (GMFCS), que é uma forma de classificar o movimento e a postura das crianças com paralisia cerebral. Um critério seguro de avaliação dos pacientes deve seguir as Curvas de Crescimento da Organização Mundial da Saúde (OMS) 2006 e 2007, e classificar os pacientes de acordo com os índices de peso/estatura, estatura/idade, IMC/idade e peso/idade.

Problemas alimentares são frequentes em crianças com paralisia cerebral, sendo a disfagia o mais comum. A disfagia é a dificuldade ou a impossibilidade de engolir os alimentos, que podem ficar presos na boca, na garganta ou no esôfago. A disfagia pode causar problemas como aspiração (quando o alimento vai para o pulmão em vez de ir para o estômago) e pneumonia. A disfagia pode acontecer em uma ou mais fases da deglutição. A deglutição é o ato de engolir os alimentos, que passam pela boca, pela garganta e pelo esôfago até chegar no estômago. A deglutição depende do funcionamento do cérebro, dos músculos, dos nervos e da vontade de comer.

A paralisia cerebral pode prejudicar esses fatores e causar disfagia. Fazer a avaliação alimentar de uma criança com paralisia cerebral é necessário e é parecido com a avaliação de crianças sem paralisia cerebral, mas também precisa ver outras coisas. Precisa ver quantas vezes a criança come por dia, em que horários, qual a textura e quais os alimentos que a família e os cuidadores dão para a criança. Informações sobre os problemas na boca (dentição, feridas) devem ser coletadas antes nos casos de alimentação total ou complementar pela boca.

As evidências mostram que a alimentação completa pela boca não é possível para a maioria das crianças com paralisia cerebral, sendo

MANUAL EDUCATIVO

preciso outra forma de dar comida, como pela gastrostomia ou, em casos graves, pela veia. Essa decisão deve levar em conta todos os fatores que já falamos, as crianças ao longo do dia podem ter mudanças no movimento e no comportamento, o que dificulta o uso de recomendações específicas. Pode ter momentos em que a alimentação pela boca seja segura e momentos em que ela não seja possível.

A alimentação também precisa se adaptar às condições sociais e econômicas da família, além de garantir a boa nutrição e hidratação da criança. O Sistema Único de Saúde (SUS) vem auxiliando na nutrição de usuários (adultos e crianças) com a distribuição gratuita de fórmulas nutricionais que são fundamentais para desenvolver uma saúde digna, responsável e eficaz.

Avançando para os próximos capítulos, exploraremos orientações essenciais sobre gastrostomia na atenção pediátrica, fornecendo informações valiosas para o manejo adequado dessa intervenção em crianças com paralisia cerebral[21].

CAPÍTULO 10

COMO CUIDAR DA CRIANÇA COM GASTROSTOMIA

A gastrostomia é um procedimento que o médico faz na barriga da criança para colocar uma sonda (tubinho) no estômago. Esse tubinho serve para dar comida, água e remédio para a criança que não consegue comer pela boca. Às vezes, a criança tem problema para engolir, e a comida pode ir para o pulmão em vez de ir para o estômago. Isso pode causar pneumonia e outras doenças.

A gastrostomia é feita quando a criança precisa se alimentar pela sonda por mais de um mês. Se a criança melhorar, o médico pode retirar a sonda. A sonda pode ser de dois tipos: sonda ou "botom". A sonda é um tubinho mais comprido que fica para fora da barriga.

O "botom" é um tubinho mais curto que fica dentro da barriga. Os dois tipos têm vantagens e desvantagens, e você deve conversar com o médico para escolher o melhor para a sua criança. A comida que vai pela sonda deve ser líquida ou bem molinha, como um mingau. A comida deve estar na temperatura normal, nem quente, nem fria. A comida deve ser limpa e fresca, e você deve lavar bem as mãos antes de mexer na sonda.

Figura 4 – Foto de gastrostomia em criança – Serviço de Cirurgia Pediátrica de Pernambuco - Sercipe

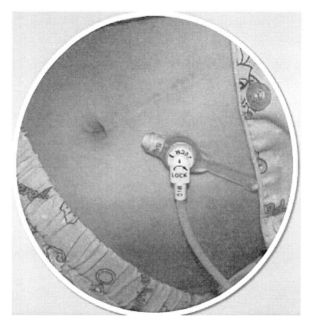

Fonte: Sercipe, 2020

Algumas crianças portadoras de gastrostomia podem comer um pouco pela boca também, mas isso dependerá da orientação do médico ou nutricionista ou da fonoaudióloga. Você deve perguntar sempre ao médico se a sua criança pode comer alguma coisa pela boca. Você deve cuidar bem da sonda e da pele da barriga da criança. Você deve dar banho na criança todo dia, e limpar a entrada (buraquinho) da sonda com soro fisiológico e gaze seca três vezes ao dia. Se a pele ficar vermelha ou machucada, você deve falar com o médico ou alguém da equipe de cuidadores, para ver se precisa ser utilizado algum remédio.

Você deve limpar a entrada da sonda com álcool a 70% (sempre) antes de colocar a comida, e lavar a sonda com água de beber, depois de colocar a comida. Você deve girar o "botom" um pouco todo dia, para ele não grudar na pele. Se o "botom" ficar frouxo ou estragado, você deve falar com a equipe de cuidadores para trocar. O "botom" ou a sonda devem ser trocados de seis em seis meses, ou seguindo a orientação do fabricante.

A sonda ou o "botom" poderá sair da barriga da criança de diversas formas, a seguir:

1. Espontânea ("sem querer"), durante algum movimento que a criança faça, como numa mudança de posição, ou que a sonda acidentalmente fique presa por debaixo do corpo, o que poderá acontecer durante o período do sono;

2. Movimento brusco durante alguma atividade durante o dia, como: ao banhar-se, levá-lo(a) ao vaso sanitário, trocar de roupa, ou mesmo durante uma brincadeira qualquer a criança pode prender a sonda com as mãos, braços e até mesmo com os pés.

Em qualquer uma das situações, mantenha a calma, apanhe ou um monte de gaze (5 gazes) ou mesmo um pano limpo e procure "tampar" (ocluir) o pequeno orifício, mesmo que não esteja sangrando; se apresentar sangramento vivo, mantenha a criança calma e comprima o local por pelo menos dez minutos que sangramento irá cessar. Comunicar sempre a equipe de cuidadores sobre o ocorrido; quanto à sonda, procure lavá-la com sabão ou detergente neutro e deixe secar, para ser mostrada para a equipe de cuidadores (médico ou enfermeiro).

Este capítulo ensina como cuidar da criança com gastrostomia, que é uma forma de alimentar a criança que não consegue comer pela boca. Você aprende o que é gastrostomia, por que fazer gastrostomia, que tipo de comida e o cuidado que deverá ter com a sonda e com a pele da barriga da criança.

CAPÍTULO 11

CUIDADOS DA ENFERMAGEM

Geralmente a indicação da gastrostomia na criança com paralisia cerebral está baseada nas seguintes indicações:

1. Dificuldade na alimentação pela boca;
2. Grande risco de broncoaspiração;
3. Pneumonias de repetição;
4. Desnutrição.

Para evitar as possíveis complicações, o paciente, familiares e cuidadores deverão seguir rigorosamente o seguinte:

1. Repouso da criança logo após a colocação da gastrostomia;
2. Oclusão do sítio cirúrgico por no máximo 12 a 24 horas para evitar a saída de secreções do estômago ou sangue acumulado no estômago (que é normal por causa do procedimento de "abrir" o estômago para dar passagem à sonda).

Tipos de complicações:

As complicações podem ocorrer durante a realização da gastrostomia ou também mais tardiamente, tais como:

1. Complicações menores, que são as dermatites químicas no local;
2. Infecção no local da saída do catéter;
3. Refluxo gastroesofágico (vômitos);
4. Aspiração brônquica (secreção que sai do estômago e entrará no pulmão, causando pneumonias severas);
5. Extravasamento de suco gástrico ao redor da sonda, na pele;
6. Infecção da pele;
7. Saída da sonda ou do "botom";
8. Obstrução da sonda.

Cuidados da enfermagem para aumentar a vida média da sonda:

Administração da dieta o mais precocemente possível.

Elevar a cabeceira da cama de 30 a 45°, durante a administração da dieta; mantenha o paciente nessa posição de 20 a 30 minutos após a administração do alimento.

a. Deverá ser administrado gradativamente o volume de alimento indicado;

b. Administrar lentamente a dieta;

c. Não administrar líquidos ácidos pela sonda;

d. Lavar o tubo antes e após a administração do alimento com 30 ml de água morna;

e. Após 24 a 48 horas, o curativo deverá ser retirado e a área ser limpa diariamente com água morna e sabão (de preferência os de pH neutro, que não irritam a pele);

f. Não misturar medicamentos diretamente com a dieta. Se for necessário deverá dar uma pausa na alimentação e em seguida introduzir a medicação;

g. Em caso de obstrução da sonda, não tentar desobstruir com seringa fazendo pressão no êmbolo e nem com o mandril da sonda. Essa ocorrência deverá ser imediatamente informada à equipe de cuidadores por meio dos contatos fornecidos à família (celular, WhatsApp). A troca de sonda de gastrostomia deverá ser realizada pela enfermagem.

Curativo do local da gastrostomia

Como citado anteriormente, o curativo do local da sonda deverá ser feito diariamente da seguinte forma:

Momento pós-realização da gastrostomia:

- deverá ser orientado pela enfermeira, que explicará à mãe e cuidadores que, durante sete a dez dias, o local deverá ser limpo com soro fisiológico e gaze esterilizada (não utilizar antissépticos como derivados do iodo, mercúrio cromo, clorexidina);

- nesses dias, a mãe terá que observar: sangramento no local da ferida; se haverá o extravasamento (saída) de secreção vinda do estômago (líquido meio turvo, como água de coco maduro); se a pele ao redor da ferida ficar avermelhada (sinal de infecção ou uma queimadura pelo ácido vindo do estômago); se a pele ao redor da sonda ficará arroxeada (sinal de necrose, que é muito grave, pois poderá gerar uma infecção por toda a parede da barriga, e a equipe de cuidadores deverá ser imediatamente informada).

Momento após duas semanas pós-realização da gastrostomia:

- após duas semanas, a gastrostomia já deverá estar adaptada à parede do abdômen e a criança menos incomodada pela troca frequente (diária) do curativo local;

- diariamente, pelo menos uma vez ao dia, lavar o local com sabão neutro e água morna (não usar produtos antissépticos como derivados de iodo, mercúrio, clorexidina, pomadas com antibióticos);

- deverão continuar sendo observados: o extravasamento do líquido ao redor da sonda, o que também é uma situação grave, pois poderá causar irritação (dermatite) com vermelhidão; observar se a sonda se mantém no lugar, ou se esta começou a sair além do habitual (a equipe de cuidadores deverá ser imediatamente informada).

CAPÍTULO 12

FISIOTERAPIA MOTORA NA PARALISIA CEREBRAL EM CRIANÇAS

A fisioterapia é uma forma de ajudar as crianças com paralisia cerebral a aprender a se movimentar melhor, a prevenir problemas nos músculos e nos ossos e a melhorar sua funcionalidade.

A fisioterapia começa com uma anamnese, que é uma conversa para saber mais sobre a criança, como seu nome, sua idade, sua saúde, seus remédios, seu nascimento, sua vacinação, sua família e sua rotina. Depois, vem o exame físico, que é uma avaliação para ver como a criança se movimenta, como está seu tônus muscular, sua sensibilidade, seus reflexos, seus encurtamentos, suas contraturas e suas deformidades. Por fim, vem a avaliação e as escalas, que são formas de medir e classificar a função motora grossa e a habilidade manual da criança.

A **função motora grossa** é a capacidade de fazer movimentos grandes com o corpo, como rolar, sentar-se, engatinhar, ficar em pé e andar.

A habilidade manual é a capacidade de usar as mãos para pegar e mexer em objetos. As **escalas mais usadas** para avaliar essas capacidades são o GMFCS (Sistema de Classificação da Função Motora Grossa) e o MACS (Sistema de Avaliação Manual). Essas escalas dividem as crianças em cinco níveis de acordo com o quanto elas conseguem fazer sozinhas ou com ajuda, como observado na Figura 5. Essas escalas ajudam a ver a mudança na função motora e na habilidade manual da criança ao longo do tempo[22].

Figura 5 – Sistema de Classificação da Função Motora Grossa (GMFCS)

Nível I: A criança caminha dentro de casa e na comunidade. Consegue subir escadas sem auxílio de corrimão. Realiza atividades como correr, saltar, mas com velocidade, equilíbrio e coordenação limitados.

Nível II: A criança caminha em praticamente todos os ambientes e sobe as escadas segurando o corrimão. Pode ter dificuldades em caminhar por longas distâncias e em ter equilíbrio em terrenos irregulares, inclinações, com muitas pessoas. Pode caminhar com assistência física. Tem capacidade mínima para correr e pular.

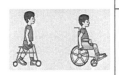

Nível III: A criança anda no domicílio e na comunidade com auxílio de muletas e andadores; sobe escadas segurando em corrimão. Depende da função dos membros superiores para tocar a cadeira de rodas para longas distâncias.

Nível IV: Senta-se em cadeira adaptada. Faz transferências com a ajuda de um adulto. Anda com andador para curtas distâncias com dificuldades em superfícies irregulares. Pode adquirir autonomia em cadeira de rodas motorizada.

Nível V: Necessita de adaptações para sentar-se. É totalmente dependente em atividades de vida diária e em locomoção. Pode tocar cadeira de rodas motorizada com adaptações.

Fonte: adaptado de Graham et al., 2016

No próximo capítulo, exploraremos os cuidados fundamentais da fonoaudiologia envolvidos no manejo e acompanhamento das crianças e adolescentes com gastrostomia, garantindo seu bem-estar e qualidade de vida.

CAPÍTULO 13

O PAPEL DA FONOAUDIOLOGIA NA ALIMENTAÇÃO EM CRIANÇAS COM PARALISIA CEREBRAL

A fonoaudiologia é fundamental para ajudar as crianças com paralisia cerebral a se alimentarem melhor e com mais segurança. Neste capítulo, vamos focar o trabalho do fonoaudiólogo na alimentação, especialmente no mecanismo da deglutição e na relevância da gastrostomia[23-26].

Deglutição:

Muitas crianças com paralisia cerebral têm dificuldades para engolir, condição conhecida como disfagia. Isso pode levar a problemas como engasgos, aspirações, pneumonia e até desnutrição. O fonoaudiólogo pode aplicar exercícios e técnicas específicas para melhorar a coordenação da deglutição, tornando a alimentação mais segura e eficaz.

Gastrostomia:

Quando a alimentação por via oral não é possível ou segura, a gastrostomia pode ser indicada. Nesses casos, o fonoaudiólogo trabalha em conjunto com a equipe médica para assegurar que a criança receba os nutrientes necessários. Além disso, ele pode orientar a família sobre o manejo da gastrostomia e como ela pode contribuir para a saúde e qualidade de vida da criança.

Nutrição:

O fonoaudiólogo também tem papel importante na avaliação da nutrição, especialmente quando há dificuldades na alimentação por via oral. Ele pode sugerir alterações na consistência dos alimentos ou no método de alimentação para garantir que a criança esteja recebendo os nutrientes necessários.

Em resumo, este capítulo realça a importância da fonoaudiologia para a alimentação e nutrição de crianças com paralisia cerebral. O papel desse profissional é essencial tanto para a melhora da deglutição quanto para a orientação e manejo da gastrostomia, contribuindo para a saúde e bem-estar dessas crianças.

CONCLUSÃO

Em conclusão, o *Manual educativo: gastrostomia, uma via de acesso nutricional em crianças e adolescentes com paralisia cerebral* aborda aspectos cruciais para a promoção de uma vida mais saudável e feliz para as crianças e adolescentes afetados. Este *Manual* destaca a importância da nutrição adequada, da abordagem fisioterapêutica, das orientações aos pais e dos cuidados de enfermagem específicos na gestão da gastrostomia.

Seguindo as etapas de ação propostas neste *Manual*, você investirá no bem-estar e desenvolvimento de seu filho ou paciente, enfrentando os desafios da paralisia cerebral e da gastrostomia de maneira eficaz. Ao aplicar os conhecimentos e estratégias apresentados neste *Manual*, você não só garantirá um ambiente seguro e adequado para o manejo da gastrostomia, mas também contribuirá para melhorar a qualidade de vida de seu filho ou paciente e de sua família.

Lembre-se de que, ao abraçar as etapas de ação sugeridas e buscar informações atualizadas e recursos de apoio, você tomará decisões informadas, proporcionando a melhor assistência possível para seu filho ou paciente. Juntos, podemos criar um futuro mais brilhante e promissor para crianças e adolescentes com paralisia cerebral que necessitam de gastrostomia.

REFERÊNCIAS

1. Lin Y, Wang G, Wang B. Rehabilitation treatment of spastic cerebral palsy with radial extracorporeal shock wave therapy and rehabilitation therapy. Medicine (United States). 2018;97(51):1-5.

2. Brasil. Ministério da Saúde. Secretaria de atenção à saúde. Departamento de Ações Programáticas Estratégicas. Diretrizes de atenção à pessoa com paralisia cerebral. Brasília: Ministério da Saúde; 2013.

3. Chagas PSC, Defilipo EC, Lemos RA, Mancini MC, Frônio JS, Carvalho RM. Classificação da função motora e do desempenho funcional de crianças com paralisia cerebral. Rev Bras Fisioter. 2008;12(5):409-16.

4. Oliveira AIA, Golin MO, Cunha MCB. Aplicabilidade do Sistema de Classificação da Função Motora Grossa (GMFCS) na paralisia cerebral: revisão da literatura. Arq Bras Ciên Saúde. 2010;35(3):220-224.

5. Odding E, Roebroeck ME, Stam HJ. The epidemiology of cerebral palsy: incidence, impairments and risk factors. Disabil Rehabil. 2006;28.

6. Auld ML, Boyd RN, Moseley GL, Ware RS, Johnston LM. Impact of tactile dysfunction on upper-limb motor performance in children with unilateral cerebral palsy. Arch Phys Med Rehabil. 2012;93(4):696-702.

7. Maranhão MVM. Anestesia e paralisia cerebral. Rev Bras Anestesiol. 2005;55(6):680-702.

8. Pereira HV. Cerebral Palsy. Resid Pediatr. 2018.

9. Yang H et al. Cerebral palsy in children: movements and postures during early infancy, dependent on preterm vs. full term birth. Early Hum Dev. 2012;88:837–843.

10. Chagas PSC, Defilipo EC, Lemos RA, Mancini MC, Frônio JS, Carvalho RM. Classificação da função motora e do desempenho funcional de crianças com paralisia cerebral. Rev Bras Fisioter. 2008;12(5):409–16.

11. Novak I, McIntyre S, Morgan C, Campbell L, Dark L, Morton N et al. A systematic review of interventions for children with cerebral palsy: state of the evidence. Dev Med Child Neurol. 2013;55(10):885–910.

12. Kawahara H et al. Should fundoplication be added at the time of gastrostomy placement in patients who are neurologically impaired? J Pediatr Surg. 2010;45(12):2373–2376.

13. Minicucci MF, Silva GF, Matsui M, Inoue RMT, Cornoff LAM, Matsubara LS, Paiva SAR. O uso da gastrostomia percutânea endoscópica. The use of percutaneous endoscopic gastrostomy. Rev. Nut., Campinas, jul./ago. 2005;18(4):553–559.

14. Tying CJ, Santos EFV, Guerra LFA, Bitencourt AGV, Barbosa PNV, Chojniak R. Gastrostomia percutânea guiada por tomografia computadorizada: experiencia inicial de um centro oncológico. Computed tomography-guided percutaneous gastrostomy: initial experience at a cancer center. Radiol. Bras. mar./abr. 2017;50(2):109–114. http://dx.doi.org/10.1590/0100-3984-2015.0219.

15. Rosenthal R, Peterli R, Guenin MO, von Flue M, Ackermann C. Cirurgia laparoscópica antirrefluxo: resultados em longo prazo e qualidade de vida. J Laparoendosc Adv. Surg Tech A. dez. 2006;16(6):557–61. doi: 10.1089/lap.2006.16.557.

16. Corona C, Canizo A, Cerda J, Lain A, Fanjul M, Carrera N, Tardáguila A, Garcia-Casillas MA, Parente A, Molina E, Matute JÁ, Peláez D. Gastrostomia percutânea: quando associar cirurgia antirrefluxo? Cir. Pediatr. 2010;23:189–192.

17. Fundação Oswaldo Cruz. Instituto Nacional de Saúde da Mulher, da Criança e do Adolescente Fernandes Figueira. Portal de Boas Práticas em Saúde da Mulher, da Criança e do Adolescente. Postagens: Principais Questões sobre Gastrostomia na Atenção Pediátrica [internet]. Rio de Janeiro; 2022 mar. 2. Disponível em: https://portaldeboaspraticas.iff.fiocruz.br/atencao-crianca/principaisquestoes- sobre-gastrostomia-na-atenção-pediátrica/.

18. Susin FP, Bortolini V, Sukienik R, Mancopes R, Barbosa LDR. Perfil de pacientes com paralisia cerebral em uso de gastrostomia e efeito nos cuidadores. Rev. CEFAC. 2012;14(5):933–942.

19. Soutinho LAR, Fontes DA, Carvalho YVS, Brendam MP, Marques CHD. Perfil, critérios de indicação e desfecho da inserção de gastrostomia em um hospital pediátrico universitário. Acta Fisiátrica. 2015;22(3):123–129.

20. Micchi VCT, Da Rosa RD, Nakajima GSN. Bases da terapia nutricional: aplicação no paciente cirúrgico. 1ª Edição – Curitiba: Appris, 2020. ISBN 978-85-473-4437-5.

21. Lopes PAC et al. Food pattern and nutritional status of children with cerebral palsy. Rev. Paul Pediatr. 2013;31(3):344–349. ISSN 1984-0462. https://doi.org/10.1590/S0103-05822013000300011.

22. Jesus AO, Stevenson RD. Optimizing nutrition and bone health in children with cerebral palsy. Phys Med Rehabil Clin N Am. 2020;31(1):25–37. doi: 10.1016/j.pmr.2019.08.001.

23. Fonoaudiologia na Paralisia Cerebral. Paralisia Cerebral — Webnode [internet]. Disponível em: https://paralisiacerebral.webnode.com.br/fonoaudiologia-e-a-p-c/.

24. SciELO — Brasil. O diagnóstico fonoaudiológico na paralisia cerebral [internet]. Disponível em: https://www.scielo.br/j/agora/a/ywbjqn8n3hqhJWsp57YQYzt/.

25. Atuação fonoaudiológica na paralisia cerebral. Universidade Federal de Sergipe [internet]. Disponível em: https://ri.ufs.br/bitstream/riufs/1765/1/AtuacaoFonoudiologica.pdf.

26. Paralisia Cerebral. Central da Fonoaudiologia [internet]. Disponível em: https://www.centraldafonoaudiologia.com.br/tratamentos/fonoaudiologia-paralisia-cerebral-disfagia/.